PORTRAIT

DE SON ALTESSE

LE PRINCE IMPÉRIAL

PAR

ERNEST MERSON

PRIX : 10 Centimes

PARIS

CHEZ HEYMANN, LIBRAIRE

13, RUE DU CROISSANT, 13

La librairie **HEYMANN** vient de mettre en vente un magnifique Portrait, — de 38 centimètres sur 28, sur papier de Chine, — de Son Altesse le Prince Impérial, aux prix de :

1 exemplaire	» fr. 60 c.	
5 —	2	50
10 —	4	50
20 —	8	»
50 —	18	»
100 —	35	»

Adresser les demandes par mandats-poste, à M. S. HEYMANN, 13, rue du Croissant, Paris.

PORTRAIT

DE SON ALTESSE

LE PRINCE IMPÉRIAL

J'avais vu le Prince Impérial enfant[1] ; je l'avais vu adolescent ; j'ai voulu le voir jeune homme. L'autre semaine, il m'a fait l'honneur de me recevoir ; il a bien voulu s'entretenir pendant plusieurs heures avec moi comme on s'entretient avec un ami fidèle et sûr, un ami des mauvais comme des bons jours, et je suis sorti de Camden avec un sentiment que

[1]. En revenant de passer, il y a trois ans, quelques jours à Chislehurst, j'ai tracé du Prince Impérial un portrait qui a été jugé ressemblant.

Le moment semble malheureusement opportun pour le reproduire.

mes lecteurs me sauront certainement
gré de leur communiquer.

Camden-Place, situé à quelques cen-
taines de mètres de Chislehurst, à quelques lieues de Londres, n'est point un
château; c'est une maison modeste bâtie
au milieu d'un parc et entourée de beaux
arbres, ce qu'on appelle en Angleterre un
cottage. Le fils d'un lord ou d'un riche
brasseur s'y trouverait sans doute à l'é-
troit et mal à l'aise; le fils de l'empereur
Napoléon s'en contente; et, loin du bruit,
c'est-à-dire de ce qui agite et de ce qui
trouble, il s'y livre à ses études favorites,
près de sa Mère bien-aimée et de quelques rares courtisans de son exil, dévoués
à sa grande infortune.

On s'y lève tôt; on ne s'y couche pas
tard; on y déjeune très-simplement à
onze heures; on y dîne sans faste à sept
heures et demie. La journée se partage
entre la promenade et le travail; la soi-

rée s'y dépense en causeries intimes dans le salon de l'Impératrice.

De temps en temps le Prince Impérial va à Londres, confondu parmi les voyageurs du chemin de fer ; le plus souvent il emploie de longues heures à l'étude, consacrant une portion de la matinée à recevoir les visiteurs qui viennent lui parler de la France, et s'instruisant avec eux des grands intérêts du pays qu'il aime tant et dont les destinées forment l'objet de ses préoccupations constantes.

Le Prince est de taille moyenne, plutôt petit que grand. Mince et d'une tournure élégante, le buste un peu long et les épaules bien dessinées, il est nerveux et solide. Il monte supérieurement à cheval ; il est bon nageur ; il fait à merveille de la gymnastique ; il tire l'épée d'une façon remarquable ; c'est-à-dire il excelle dans les exercices du corps. Son abord est extrêmement sympathique ; il a la poignée de

main ferme et cordiale; il accueille ses
visiteurs avec une aisance de parfait
grand seigneur et une bonté de vrai
prince. Son visage est un peu long, mais
très-distingué; le front est haut et le nez
un peu fort; une fine moustache noire se
dessine gracieusement sur des lèvres
bienveillantes. Il ressemble beaucoup à
l'Empereur, avec l'œil plus grand, et,
sous son regard limpide, l'on reconnaît
sa Mère. Son teint mat se colore aisé-
ment; on y sent déjà la marque d'une
pensée active et profonde.

Très-instruit, le Prince Impérial parle
correctement plusieurs langues; il a étu-
dié dans leur texte original la plupart des
auteurs classiques; la géographie a toutes ses prédilections, et il n'est pas un
peuple dont il ne connaisse les mœurs,
les aptitudes, la politique et la constitu-
tion; il s'est laborieusement initié à l'art
militaire, et il discute avec les hommes
les mieux versés dans cette science, si
considérable au temps où nous sommes.

S'il parle avec mesure, il sait merveilleusement écouter; et, non-seulement il écoute, mais il s'assimile avec une prodigieuse facilité ce qu'il entend; il en fait ensuite l'objet d'un examen attentif, et l'on est surpris, au lendemain d'une conversation — même nouvelle pour lui, — de le voir très au fait des communications qu'il a reçues.

*
* *

C'est une grande qualité pour un Prince de savoir tout entendre, même ce qui peut le contrarier, surtout ce qui peut lui déplaire. Avec cette qualité maîtresse, particulièrement conseillée et vantée par Bossuet, on avance rapidement son éducation politique et l'on est éclairé avant d'avoir l'âge d'homme. Comme Mme de Sévigné le désirait de la Dauphine, non-seulement le Prince « entend toutes choses, mais encore il les comprend. » Il les entend volontiers, parce qu'il a la passion de s'instruire et qu'il aime particulièrement la vérité;

il les comprend sûrement, parce qu'il les analyse, les scrute, les pénètre et se les approprie. Ce sont là deux grands mérites qui frappent chez le Prince Impérial et qui veulent être signalés. La première fois que j'ai pu parler à Son Altesse en tout abandon, en toute liberté, en toute confiance, il m'a entendu presque silencieusement, mais avec une attention vive et pour ainsi dire ardente. La seconde fois, j'ai pu me convaincre qu'il m'avait compris, puisqu'il a répondu à mes respectueuses et loyales observations de la veille, soit en les approuvant, soit en les discutant. A la suite de ma première conversation, je me demandais presque anxieusement si elle n'avait pas été vaine ; le lendemain, j'ai vu avec une joie sans seconde que l'esprit de mon auguste interlocuteur s'était comme nourri de mon langage, et que son silence de la veille était, en réalité, une préparation à l'examen et à la mûre réflexion. Je m'étais trouvé véritablement avec un homme sérieux, inaccessible aux entraînements

de la parole et qui médite soigneusement
sa pensée avant de lui permettre de se
produire.

Cette épreuve m'a charmé et m'a
donné de la maturité du Prince une
haute opinion.

Le cabinet du Prince sent le travail et
dévoile le travailleur. Rien n'y est futile.
Sur un bureau modeste sont des livres
ouverts, des pages écrites, des plumes
noircies par l'encre, au milieu de quelques images chères. La bibliothèque est
pleine d'ouvrages de politique, de
science, de haute littérature, de philoso-
phie, de religion. Çà et là, des cartes de
géographie, des journaux, un globe ter-
restre, un buste en marbre, des portraits.
Voilà le milieu dans lequel le jeune
Louis-Napoléon passe la plus grande
portion de sa vie, se préparant patiemment, et j'ajouterai honnêtement, à la

grande tâche que les desseins de Dieu lui destinent sans doute.

Assis dans un fauteuil de maroquin, il se lève quand vient un visiteur ami ; il va droit à lui, lui tendant une main solide et loyale. Il lui désigne affectueusement un siége, et le met si bien à son aise que la conversation s'engage tout de suite dans les termes les plus cordiaux. On parle d'abord du pays natal, de ses épreuves, de ses combats, des menaces qui l'épouvantent, des espérances qui le rassurent ; et le reste vient ensuite, par une transition naturelle et facile.

Le Prince aime passionnément la France, et dans son langage aucun sentiment amer ne se trahit ni contre rien, ni contre personne. Cette âme est vraiment haute, et sa sérénité semble ne subir jamais aucune altération. Il parle des choses avec réserve et des hommes avec indulgence. Il ne se montre sévère que pour les fautes dont on a eu, dont on a, ou dont on aurait à souffrir ; mais là-dessus il s'anime et s'en veut, pour ainsi dire, de n'être pas à même encore de corriger des erreurs qu'il déplore, se sentant plus que tout autre à même de les réparer.

*
* *

Profondément respectueux pour le grand principe de la souveraineté nationale, il croit fermement que la France le rappellera un jour : mais, contraire à toutes les entreprises aventureuses, il attend patiemment que l'heure des réparations tardives ait sonné. Il croit même que son exil, en l'initiant de bonne heure aux luttes de la vie, ne lui sera pas inutile, et qu'il gagnera plus dans l'adversité, au profit du bonheur et de la gloire de son pays, qu'il n'eût pu acquérir en montant tranquillement sur le trône de son Père. Il est reconnaissant au peuple d'avoir conservé la mémoire des services de sa race, et c'est en son affection fidèle qu'il espère, se préoccupant peu de ce

qui touche sa propre personnne, mais
plein d'ardent dévouement pour tout ce
qui est de nature à relever la patrie et à
assurer sa paix prospère.

A cet égard, je ne crois pas devoir reproduire les vues d'ensemble que le
Prince, dans l'intimité de conversations
cœur à cœur, a daigné me communiquer.
Seulement puis-je dire que je me suis
senti pénétré d'admiration pour ce beau
caractère, qui se dessine déjà si pure-
ment parmi nos défaillances, et que
j'éprouve une réelle fierté de consacrer
les derniers jours de ma vie au service
de Celui que, même sous la République,
j'aime à considérer comme mon Souve-
rain.

**

Le Prince Impérial est libéral dans le
grand et noble sens du mot, c'est-à-dire
à la façon des esprits élevés et des âmes
fortes. Il ne comprend rien à la compres-

sion des idées ; mais il veut leur régularisation. Il ne les subordonne pas à un caprice arbitraire ; mais il les associe à l'exercice ferme de l'autorité, afin qu'elles ne soient pas exposées aux déviations qui jettent si facilement le trouble dans l'ordre social, en engendrant ces révolutions violentes dont le pays a eu tant et si lóngtemps à soúffrir. Il comprend un gouvernement fort et obéi ; mais il veut, en même temps, un pouvoir ouvert à toutes les intelligences cómme à tous les patriotismes, accessible à toutes les aptitudes comme à tous les dévouements. Il s'exprime là-dessus avec une grande netteté, et c'est plaisir, en l'entendant exposer sa doctrine, ou plutôt son programme, de voir avec quelle sincérité loyale il sait marier à la fois les grands principes de liberté politique qu'aime la France avec les garanties d'ordre dont la société a tant de besoin pour retrouver son équilibre et marcher sûrement vers la conquête de meilleures destinées. Rien d'exclusif chez lui, rien de mesquin, rien d'artificiel. Il envisage d'un regard assuré les nécessités de natures diverses qui s'imposeront à lui le jour où le vœu national l'appellera à la direction du gouvernement, et il se prépare à leur obéir avec droiture, sans en omettre, sans en négliger une seule. Il se rend compte des responsabilités redoutables qu'il aura alors à assumer, et il s'applique déjà à les porter sans fléchir.

A ce point de vue, il est vraiment remarquable, et il n'est certes pas un des hommes le plus avancés dans l'idée démocratique qui ne se sentît pris pour lui d'une involontaire mais réelle sympathie, s'il l'entendait faire, en termes nets et précis, l'exposé de ses principes libéraux.

Et, dans ces principes libéraux, le souci permanent du bien-être général tient une grande place. Sans se livrer aucunement à l'utopie, le digne fils de Napoléon III considère que la Société a des devoirs impérieux à remplir vis-à-vis de ses membres; il envisage que tout gou-

,vernement national a des obligations étroites auxquelles il lui faut scrupuleusement obéir, s'il veut empêcher de nouvelles conflagrations et prévenir des catastrophes finales. Il se préoccupe à bon droit du sort si intéressant des ouvriers de l'usine, parmi lesquels il compte tant d'amis, et de l'avenir des ouvriers du labourage, chez qui son nom demeure cher comme une espérance et respecté comme une sauvegarde. La campagne et la ville, c'est-à-dire l'ensemble de ce qui constitue la portion active et laborieuse de la population, absorbe ses plus vives sollicitudes ; là est sa pensée constante ; là se concentre pour lui le problème dont dépend l'équilibre social, et à la solution duquel il s'applique sans repos.

Au delà d'une promesse d'avenir, cette direction presque exclusive des idées du Prince est de nature à éclairer bien des ténèbres, à dissiper bien des préventions, à fournir au pays des éléments précieux de régénération et de sécurité.

L'héritier de Napoléon III, élevé, comme son Père, à la forte et féconde école du malheur, se familiarise incessamment avec les exigences de son époque, soit pour les modérer, soit pour les satisfaire. Sous l'œil de Dieu, il grandit, comme le roi biblique, en science et en sagesse. J'espère qu'il régnera ; mais ce dont je suis sûr, c'est qu'il s'est déjà rendu capable et se rend chaque jour plus digne de régner.

Paris. — Imp. F. Dubois et Cie, 16, rue du Croissant

www.ingramcontent.com/pod-product-compliance
Lightning Source LLC
Chambersburg PA
CBHW050712070726
47597CB00010B/4418